Wighard Strehlow

D1721629

Die Kunst des Alterns

Kanisius Verlag

Reihe
«Lebensweisheiten der heiligen Hildegard»

Umschlag:
Hermann Schelbert

Umschlagbild:
Vision der hl. Hildegard. Scivias-Kodex,
12. Jh. Kloster St. Hildegard, Eibingen
© Beuroner Kunstverlag,
als Bildchen Nr. 2043 erhältlich

Fotos:
Basis-pH-B. Böhm

3. Auflage 1999

© 1990 Kanisius Verlag

ISBN 3-85764-310-2

Druck:
Kanisiusdruckerei, Freiburg Schweiz

Inhalt

Das Altern ist ein ganz natürlicher und unvermeidlicher Vorgang, schon gar keine Tragödie, solange angemessene körperliche und geistige Kräfte zur Verfügung stehen. Wer sich allerdings schon mit 45 wie ein alter Mensch von 60 Jahren fühlt, hat mit Sicherheit zuviel Lebensenergie verbraucht und ist vorzeitig alt geworden. Wie und wie schnell man altert, liegt teilweise in der eigenen Verantwortlichkeit, wobei der eigene Lebensstil, die Ernährungs- und Lebensgewohnheiten das Tempo des Alterns beeinflussen.

Überanstrengung, Übergewicht, Überernährung, Dauerstreß, Frustration, Angst, Kummer und Sorge sind die eigentlichen Risikofaktoren des vorzeitigen Alterns. Daher sind viele Menschen durch den täglichen Dauerstreß, der sehr viel Lebensenergie kostet, biologisch älter als ihre wirklichen Lebensjahre.

Das beschleunigte Altern durch den Dauerstreß ist die eigentliche Hauptursache von Degenerations- und Schwächezuständen mit Leistungsabfall, Konzentrationsschwäche, Abwehrschwäche und den bekannten Symptomen: ständig müde und erschöpft, unausgeglichen und depressiv. Bereits im 3. und 4. Lebensjahrzehnt werden die Weichen für die Lebensqualität im Alter gestellt. Nach dem 35. Lebensjahr nimmt die Leistungsfähigkeit des Körpers ab, wobei es in der eigenen Verantwortung liegt, den Alterungsvorgang zu beschleunigen oder zu verlangsamen.

Zwischen dem 30. und 70. Lebensjahr nehmen fast alle biologischen Körperfunktionen zu 10–50 % ab, je nach Alterungsgeschwindigkeit, nur der Blutdruck nimmt zu, ein zusätzliches Risiko für Herz und Kreislauf, das schlimmstenfalls mit Schlaganfall oder Herzinfarkt enden kann.

Viriditas als Lebensprinzip

Vorzeitiges Altern ist vermeidbar, besonders wenn man im 3. und 4. Lebensjahrzehnt die richtigen Schritte im Umgang mit dem täglichen Streß einleitet. Selbst 60- und 70jährige sind genauso regenerationsfähig an Leistung und Lebenskraft wie 40- und 50jährige und können mit Hilfe der Viriditas ihre Lebensuhr um Jahre zurückstellen.

In einem der schönsten Lebensprinzipien verrät uns Hildegard von Bingen die Quelle der Lebenskraft, die sie in der Farbe Grün sieht und Viriditas, Lebenskraft, Heilkraft, Keimkraft, Sexualität nennt und die in Gott ihren Ursprung hat:

> «O Grün (Viriditas) des Fingers Gottes,
> mit der Gott Seine Pflanzen angesetzt hat!
> Sie leuchtet in der Höhe wie eine Säule,
> die großartige Kraft,
> durch Gott geschaffen.»
>   (Lied auf den heiligen Disibod)

Und dieses grüne Lebensprinzip geht vom Kosmos aus dem Licht der Sonne auf den grünen Smaragd über und bewirkt das Wachstum der Pflanzen, die das Fundament des menschlichen Lebens, Gedeihens und Regenerierens sind:

> «Der Smaragd wächst frühmorgens bei Sonnenaufgang, wenn die Sonne auf ihrer Umlaufbahn mächtig ist, dann ist das Grün (viriditas) der Erde und der Pflanzen am kräftigsten, weil die Luft noch kalt und die Sonne schon warm ist; und dann saugen die Pflanzen das Grün so stark in sich ein wie ein Lamm, das Milch saugt, so daß die (Sonnen-)Hitze des Tages kaum ausreicht, das Grün des Morgens garzukochen und so weit zu reifen und zu Nährstoffen zu verarbeiten, so daß sie fähig werden, Früchte hervorzubringen.»

Vorzeitiges Altern, Krankheit und Tod liegen daher nicht in der Natur des Lebens und passen auch nicht in den Schöpfungsplan, sondern sind ein Mangel eben dieser Viriditas.

«Von der Sterblichkeit geht kein Leben aus, sondern Leben besteht eben nur im Leben. Kein Baum grünt ohne Kraft zum Grünen, kein Stein entbehrt der grünen Feuchtigkeit, und kein Geschöpf ist ohne diese besondere Kraft: die lebendige Ewigkeit selbst ist die Kraft zum Grünen.»

Daher hat Jesus Christus, von dem es heißt: «Er heilte im Volke alle Krankheiten und Leiden» (Matthäus 4,23; 9,35; Markus 3,10), seinen Jüngern den Doppelauftrag gegeben, das Evangelium zu verkünden und die Kranken zu heilen (Matthäus 10,7–8; Lukas 9,1). Der heilige Benedikt, den man den Vater des Abendlandes genannt hat, zählte die Sorge um die Kranken unter die Werke der Barmherzigkeit: «Die Sorge für die Kranken komme an erster Stelle und gehe allem vor. Man soll ihnen so dienen wie Christus, dem man in Wirklichkeit dabei dient» (Benedikt-Regel, Kapitel 36).

So hat auch die heilige Hildegard ihren Verkündigungsauftrag verstanden und die Wege zum Heil und zur Heilung beschrieben. Gottes Heil ist dem ganzen Menschen zugedacht, und

Krankheiten sind dazu da, um beseitigt zu werden, damit Gottes Werke an dem Kranken offenbar werden (Johannes 9,2). In ihrer «Scivias» berichtet Hildegard, daß das göttliche Gesetz der Nächstenliebe (Lex Divina) nicht damit erfüllt wird, wie viele Rosenkränze gebetet werden und welcher Katechismus aufgesagt wird, sondern ob der Mensch die handgreiflichen Werke der Barmherzigkeit geübt hat: Hungrigen zu essen geben, Durstigen zu trinken, Nackte zu kleiden und sich um die Kranken zu kümmern.

Aber es geht um mehr. Christus wollte nicht nur das Altern, die Krankheit und den Tod einfach abschaffen, sondern den Menschen für Sein Reich vorbereiten.

Dafür will Hildegard uns ein Wegweiser sein; die Seherin wurde zur Prophetin und erhielt aus der Weisheit Gottes ihren konkreten Auftrag:

«Schreibe, was du siehst und hörst.
Tu kund die Wunder, die du erfahren.»

Aus dieser charismatischen Schau entstanden zehn Bücher, das Opus Hildegardicum, ein Werk, dessen Inhalt die Theologie, die Medizin und Musik zusammenfaßt und den Rahmen des damaligen und heutigen Wissens in mehreren Bereichen sprengt.

Hildegard-Aufbau- und Fastenkur

Machtlos stehen die Ärzte vor den schweren Zivilisationskrankheiten von heute und schauen jahrelang zu, bis es so spät ist, daß nur noch aggressive Maßnahmen eingesetzt werden können (Operation, Bestrahlung, Chemotherapie), die für Arzt und Patient riskant, unangenehm und gefährlich sind. Über 80 % der Bevölkerung sterben heute an diesen sogenannten «chronischen Krankheiten» wie Herzinfarkt, Krebs, Schlaganfall, Diabetes, Leberzirrhose etc., für die es kein einziges Heilmittel gibt und in Zukunft auch nicht geben wird, weil die auslösenden Ursachen außerhalb des Bereichs der naturwissenschaftlich orientierten Medizin liegen.

Solange die tatsächlichen Gründe für die Entstehung der Zivilisationserkrankungen unberücksichtigt bleiben, wird die Zahl der Kranken trotz immer mehr Forschungsmilliarden weiterhin steigen: Wo bleiben die Erfolge der modernen Medizin?

In den letzten 20 Jahren ist die Zahl der Herzinfarkte um 200 % gestiegen. Während 1900 nur 4 % der Bevölkerung an Krebs starb und Krebs die 8. Stelle der Todesursachen einnahm, sterben heute mehr als 20 % der Bevölkerung an Krebs mit dem 2. Platz der Todesursachen nach Herzinfarkt auf Platz 1!

Die klassischen Risikofaktoren Übergewicht, Rauchen, Bluthochdruck, Diabetes, Cholesterin reichen allein schon lange nicht mehr aus; dagegen werden heute Streß, Tageshetze und überstrapazierte Nerven für die Auslösung der koronaren Herzerkrankungen verantwortlich gemacht. Sie führen zu einer vermehrten Ausschüttung von Stressoren (Katecholaminen), die direkt den Herzkreislauf unter Druck setzen, mit der Folge von hohem Blutdruck, erhöhtem Cholesterinspiegel, vermehrter Blutplättchen-Aggregation und Verringerung der Gerinnungszeit, d. h. erhöhter Infarktgefahr! Die meisten Streßpatienten haben einen erhöhten Hormonspiegel (Cortison, Insulin) mit der Gefahr eines vorzeitigen Verschleißes und frühzeitigen Alterns.

Bei der Krebserkrankung werden Kummer und Sorge sowie eine chronische Hoffnungslosigkeit als Risikofaktoren erkannt.

«Die Tatsache, daß die meisten chronischen Krankheiten von der modernen Medizin als solche unheilbar sind», schreibt der Tübinger Professor Dr. Hans Schaefer, *«erzeugt in fast allen Patienten Angst. Der Mensch hat Angst vor dem Schmerz und Angst vor dem Tod. Hoffnung wäre die beste Methode, hier zu helfen. Die Schulmedizin ist im allgemeinen nicht fähig, die Angst der Patienten zu beseitigen.»*

Aus der Fülle der wissenschaftlichen Forschungsergebnisse großer epidemiologischer Studien (Studien über die Entstehungsursache von Krankheiten) aus den USA (Multiple Risk Factor Intervention Trial, Framingham, Jenkins) beim Herzinfarkt geht eindeutig hervor, daß es einen engen Zusammenhang von Herzinfarkt und Lebensführung, im weitesten Sinne Lebensordnung gibt. Herzinfarkt-Patienten – A-Menschen mit ausgeprägtem aggressivem, ungeduldigem, ehrgeizigem Verhalten – bekommen 2,3mal häufiger Herzinfarkte als B-Menschen, der gelassenere, spielerisch-sportliche Mensch, dessen Wert mehr im Sein als im Haben ruht, der in allen Lebensbereichen mehr in der Gegenwart als in der Vergangenheit und Zukunft lebt.

Mehr Selbstvertrauen, mehr Vertrauen und Geborgenheit und die Verantwortlichkeit für das eigene Leben in Zusammenhang mit

Geborgenheit in der Familie und der Religion sind der beste Schutz vor Herzinfarkt.

Hans Schaefer schreibt in seinem «Plädoyer für eine Neue Medizin»:
«Es ist endlich leicht nachzuweisen, daß alle Risiken durch das Verhalten des Individuums zu ihnen in ihrer Wirkung verändert, insbesondere auch abgeschwächt werden können. Hierbei leistet die Praktizierung christlicher Tugenden eine bedeutende Hilfe. Fast alle Tugenden lassen sich als auch medizinisch erklärbare Hilfen zur Gesundheit deuten. Zu den wichtigsten gesundheitlichen Faktoren zählt die *Nächstenliebe,* welche die Streßfaktoren mindert, die von der sozialen Umwelt auf den Menschen ausgehen, und die *Hoffnung,* welche den Menschen allein in den Stand setzt, die Kräfte seines vegetativen Nervensystems zu mobilisieren.»

Wenn es wahr ist, daß die chronischen Krankheiten eine Antwort des Körpers auf eine falsche Lebensweise sind, kann nur die Änderung Abhilfe leisten.

«Die Medizin geht mit ihrer einseitigen Betonung technischer Diagnostik und Therapie sicherlich einen falschen Weg. Technik ist in einer lebensrettenden Medizin unerläßlich. Es gibt jedoch in wachsendem Umfang immer

12

mehr Menschen, welche einer technischen Medizin im Grunde nicht bedürfen.»

Im Sinne einer vorbeugenden Medizin können durch die Hildegard-Kuren Krankheiten, unter Berücksichtigung aller auslösenden Ursachen, schon frühzeitig erkannt und abgewendet werden. Daher schreibt der Leiter der Bundesvereinigung für Gesundheitserziehung, Dr. Wolf von Freytag-Loringhoven:

«Wenn heute das punktuelle Vorgehen gegen einzelne Risikofaktoren (Rauchen, Bluthochdruck, Übergewicht, Bewegungsarmut, erhöhter Cholesterinspiegel) zugunsten eines ganzheitlichen Lebensstil-Konzeptes als überwunden angesehen werden darf, sind alle Versuche einer Gesamtschau von psycho-sozialen und somatischen Lebensbedingungen sehr modern: So auch die Konzeption von Hildegard von Bingen.»

Das Kurprogramm beruht auf Hildegards Gesamtwerk, insbesondere aber auf ihrer visionären Heilkunde («Causae et Curae», Ursachen und Behandlungen der Krankheiten) und der Naturkunde («Physica»), im Sinne eines gesunden Lebens in Harmonie und Übereinstimmung mit sich, seiner Mitwelt und Umwelt im ständigen Bemühen um das rechte Maß (discretio) in allen Dingen.

Hildegard warnt vor allem vor dem seelischen Fehlverhalten (Lastern), die die Gesundheit zerstören, da Störungen von Lebensordnungen kosmische Katastrophen (Umweltkatastrophen) auslösen können, die im engen Zusammenhang mit Krankheiten stehen.

«Wenn die Menschen sich untereinander in Kriegen schrecken, in Haß und Neid und sonstige sündhafte Widersprüche verwickeln, verkehren sich auch die (vier) Elemente in eine andere, ihnen eigentlich entgegengesetzte Weise ... und bringen der Welt und den Menschen viele Gefahren ... und machen den Menschen hinfällig und krank.»

Aber auch alle Extreme, selbst religiöser Fanatismus, und Übertreibungen gefährden die Gesundheit, sowie das unüberlegte, übertriebene Fasten:

«Wenn sich die Menschen in übertriebener Weise der Nahrung enthalten, so daß sie ihrem Körper nicht die richtige und angemessene Nahrung zuführen, werden die einen instabil und leichtlebig in ihrer Lebensweise, andere durch viele große Beschwerden bedrückt. Dann ereignen sich manchmal Katastrophen in ihrem Körper, weil die Elemente, die in ihnen sind, durcheinandergeraten. Wenn nämlich

Feuer und Wasser in solchen Menschen entgegenwirken, kann es oft passieren, daß sie in irgendeinem Gelenk oder einer anderen Körperstelle gegeneinandergeraten und dort eine Beule (pustula) mit einer Geschwulst (tumor) entstehen lassen. Von diesen Beulen kennt man drei Arten: schwarze, geschwollene, beinahe nicht heilbare Tumore, graublaue Karbunkel und weiße Furunkel, die beide (mit Veilchensalbe) gut heilbar sind.»

In Übereinstimmung mit den Fasten-Erfahrungen sollen daher schwermütige, depressive Menschen oder Patienten mit Geistes- und Infektionskrankheiten sowie Krebs- und TBC-Kranke nicht fasten.

Wir haben im Gegensatz zu vielen anderen Fasten-Methoden eine ausgewogene Hildegard-Fastenkur mit einer Dinkel-Aufbaudiät kombiniert und erreichen dadurch eine tiefgreifende seelische und körperliche Entgiftung und Reinigung, verbunden mit einer raschen Regeneration der körperlichen und seelischen Abwehrkräfte. Durch die Umkehr aus alten Lebensgewohnheiten werden dem Menschen «jugendfrische Lebenskräfte» (Viriditas – Grünkraft), neuer Lebensgeist und Mut geschenkt.

Diät – die Kunst der Lebensführung

Wie «Menschen in Selbstverantwortung ihr körperliches und seelisches Heil regulieren, ordnen und mitgestalten» können, hat Hildegard von Bingen im 12. Jahrhundert aufgeschrieben. Ihre sechs Lebensregeln sind gleichbedeutend mit dem griechischen Wort für Diät – diaita –, das soviel wie «die Kunst der Lebensführung» bedeutet.

Die sechs Lebensregeln nach Hildegard von Bingen

1. **Regulieren Sie Schlafen und Wachen zur Regeneration überstrapazierter Nerven.**

2. **Achten Sie beim Essen und Trinken auf die Subtilität der Lebensmittel. Also auf die nützlichen Heil-Kräfte, die die Natur für den Menschen bereithält.**

3. **Bringen Sie Bewegung und Ruhe in ein gesundes Gleichgewicht.**

4. **Schöpfen Sie Lebensenergie aus den vier Weltelementen – Feuer, Luft, Wasser, Erde – durch positive Naturerlebnisse und natürliche Heilmittel.**

5. **Fördern Sie die Ausleitung von Verunreinigungen und Schadstoffen aus dem Bindegewebe.**

6. **Stabilisieren Sie seelische Abwehrkräfte durch Erkennen der eigenen Schattenseiten (Laster = Risikofaktoren) und versuchen Sie, diese durch heilende Schutzfaktoren (Tugenden) auszugleichen.**

1. **Regulieren Sie Schlafen und Wachen zur Regeneration überstrapazierter Nerven.**

Ein natürlicher Schlaf ist das beste Mittel für gute Nerven und die Voraussetzung für eine gute Gesundheit. Ein gutes Traumleben lädt die Nerven wieder auf wie eine leere Batterie. Eine entspannte Einstellung zum Schlaf garantiert gute Träume.

In der Nacht wird die Gesundheit wieder hergestellt:
«Wenn der Mensch schläft, erholt sich sein (Nerven)mark.» Während der Hildegard-Kur ist das natürliche Schlaf- und Traumtraining von allergrößter Bedeutung, da die Traumqualität für die Tiefe des Schlafes verantwortlich ist.

Wer gesund schlafen will, muß sich auf den Schlaf vorbereiten und für gute Träume sorgen. Hildegard nennt fünf verschiedene Träume:

– Tagesrestträume
– Weckträume
– Krankheitsanzeigende Träume
– Diabolische Träume
– Prophetische, positive Träume; nur diese garantieren einen erholsamen Tiefschlaf.

Tagesreste werden mit Hilfe des «gelöschten Weines oder dem Herzwein» aufgelöst und beseitigt.

Bei Hildegard von Bingen finden sich viele, mitunter ungewöhnliche Empfehlungen, die das Nervensystem auf den Schlaf vorbereiten:

● ein Spaziergang nach dem Abendessen
● positive Gedanken durch ein gutes Buch und ein Gebet
● ein warmes Lavendelbad
● Blätter des Betonika-Krauts bei wilden Träumen hautnah als Kräuterkissen ins Bett legen
● Jaspis-Scheibe (Edelstein) bei nächtlichem Herzklopfen in Herznähe auf die Haut legen
● Gelöschter Wein: 1 Glas Wein zum Sieden bringen. Wenn die Bläschen aufsteigen,

Regulieren Sie Schlafen und Wachen zur Regeneration überstrapazierter Nerven.

Wer morgens «zerschlagen» aufwacht, hat schlecht geträumt. Erst die entspannte Einstellung zum Schlaf garantiert gute Träume.

verläßt der Alkohol den Wein. Dann sofort einen Schuß kaltes Wasser hineingießen. Schluckweise trinken.
● oder ein Apfel – mit Genuß verzehrt.

Eine alte Regel sagt, niemand solle schlafen gehen, ohne mit sich und der Welt in Frieden zu sein.

Der unterbrochene Schlaf ist in Übereinstimmung mit der modernen Schlafforschung der erholsamste Schlaf, weil man dadurch öfter in die tiefen Schlafphasen gerät als beim ununterbrochenen Schlaf:

> «Aber wenn der Mensch viel wacht und öfter wieder einschläft, werden sein Nervenmark und Glieder in angenehmer Weise gestärkt und neu belebt wie ein Säugling, der oft saugt und wieder aufhört und zwischendurch seine Kräfte zu seiner Erholung sammelt.»

Freu dich, wenn du nachts aufwachst, es kann deine schönste Zeit zum Lesen, Schreiben oder Beten sein. Während der Hildegard-Kur führen wir daher auch Nachtwachen durch und schlafen wieder, wenn wir müde sind. Aber auch hier gilt Schlafen und Wachen mit Maß, zuviel Schlaf macht «fieberkrank und verdunkelt die Augen». Hildegard kannte keine

Schlaflosigkeit und sicher auch keine Schlaf-tabletten, die nur betäuben und auf Dauer die Gesundheit zerstören!

2. Achten Sie beim Essen und Trinken auf die Subtilität der Lebensmittel. Also auf die nützlichen Heil-Kräfte, die die Natur für den Menschen bereithält.

Lebensmittel – so schreibt die Benediktiner-Äbtissin im 12. Jahrhundert – sind Mittel zum Leben, aus denen der Organismus die Kräfte zur Erneuerung und zur Heilung nehmen kann.

Die vitale Grünkraft oder Lebensenergie (Viriditas) und den «Heilwert» für den Menschen (Subtilität) unterstreicht die Ordensfrau bei den Lebens-Mitteln besonders.

Auf der Basis der Subtilität unterscheidet sie Gutes oder Schädliches, auch sogenannte Küchengifte. Alle nach Hildegard von Bingen hundertprozentig guten Nahrungsmittel haben eine gesundheitserhaltende, regenerierende und vitalisierende Wirkung, um den Menschen zu Hochleistungen zu befähigen, die Zellen täglich wieder aufzufrischen und von Ermüdungsstoffen zu reinigen. Bei Hildegard von Bingen sind dies Dinkel-Getreide, Edelkastanie und Fenchel.

Über den Dinkel schreibt Hildegard von Bingen:

Das Getreide *Dinkel* hat den größten «Heilwert»:

> «Dinkel ist das beste Getreidekorn, es wirkt wärmend und fettend, ist hochwertig und gelinder als alle anderen Getreidekörner. Wer Dinkel kaut, baut gutes Fleisch. Dinkel führt zu einem rechten Blut, gibt ein aufgelockertes Gemüt und die Gabe des Frohsinns.»

Dinkel ist ein uraltes Getreide und war bei uns weit verbreitet. Heute jedoch baut die Landwirtschaft wegen Ertrag und Leistung bevorzugt Weizen an.

Moderne wissenschaftliche Untersuchungen bestätigen, wie recht Hildegard von Bingen hat. Der Dinkel garantiert eine hinreichende Vitaminmenge, Fette, Kohlehydrate, Vitamine, Mineralien, Spurenelemente und Ballaststoffe, so daß die Ernährung ausgeglichen ist. Sein Gehalt an hochwertigen Eiweißstoffen (essentiellen Aminosäuren) ist im Vergleich zum Weizen höher.
Bei der Verdauung werden die Kohlehydratketten von Dinkel vollständig zu Kohlendioxid und Wasser im Körper verbrannt, die leicht

Achten Sie beim Essen und Trinken auf die Subtilität (Heil-Kräfte) der Lebensmittel.

Nach Hildegard von Bingen sind dies die nützlichen Heil-Kräfte, die die Natur für den Menschen bereithält:
Brot aus Dinkel-Getreide, süße Mandeln, Fenchelgemüse, wenig tierisches Eiweiß, kaum Fett, wenig Salz.

23

und ohne Rückstände ausgeschieden werden. Im Vergleich dazu wird Fleisch vom Körper zu Harnsäure und Harnstoff abgebaut, die als sogenannte Schlackstoffe ausgeschieden werden.

Durch die gleichmäßige Energiezufuhr aus den Kohlehydraten des Dinkels fühlt sich der Körper ausgeglichen und von Kopf bis Fuß von einem Wärmegefühl durchströmt. Es kommt weder zu Über- noch zu Unterzukkerung.

Ganz anders sehen die Verhältnisse beim Weizenmehl aus, dem sogenannten Auszugsmehl, bei weißem Zucker oder Traubenzucker. Diese sogenannten leeren Kalorien werden vom Blut sofort assimiliert und erzeugen einen hohen Anstieg von Glukose im Blut. Die hohe Glukose-Konzentration führt im Körper zu einer starken Insulin-Ausschüttung, so daß der Blutzuckerspiegel kurz nach dem Essen rasch wieder absinkt und der Insulinspiegel erhöht bleibt. Dadurch bekommt der Betroffene erneut Heißhunger auf Süßes. Durch diese ständigen Blutzuckerschwankungen fühlt sich der Mensch unausgeglichen, leicht ermüdbar, lustlos zur Arbeit und seinen Stimmungsschwankungen unterworfen.

Über die Edelkastanie schreibt Hildegard von Bingen:

> «Ihre Frucht ist nützlich gegen jede Schwäche, die im Menschen ist. Iß sie oft (täglich) vor und nach dem Essen, und dein Gehirn wächst und wird gefüllt, und deine Nerven werden stark, und so wird die Schwäche weichen.»

Die Edelkastanie ist unter den Bäumen, was der Fenchel unter den Kräutern ist: hundertprozentig gesund, von der Wurzel bis in die Spitzen. In den Früchten, Schalen, Blättern und der Rinde kommen wertvolle Gerbstoffe (Tanine und Bioflavonoide) vor.

Die Früchte enthalten neben Stärke (45–58 %) und Eiweiß (4–7 %) hochwertige Kohlehydrate (22–34 %), die für alle Zellen, besonders aber für die Nervenzellen, als Energielieferanten dienen.

Darüber hinaus enthalten die Edelkastanien-Früchte spezifische Wirkstoffe (Gaba, biogene Amine, Neurotransmitter), die für die Nervenfortleitung und die Muskelerregung notwendig sind. In den Früchten befinden sich außerdem die Vitamine A, B und C. Da sie keine Hexosen vom Typ Glykose oder Fructose enthalten, können die Früchte der Edelkastanie auch für Diabetiker empfohlen werden (100 g = 210 Kilokalorien = 880 Joule).

Edelkastanien sind eine ideale Nervennahrung für alle Personen über 40 Jahre und beugen dem beginnenden Gedächtnisschwund vor.

Über den Fenchel schreibt Hildegard von Bingen:

> «Wie immer gegessen, macht der Fenchel den Menschen lustig, gibt eine schöne Gesichtsfarbe und guten Körpergeruch und eine gute Verdauung.»

Fenchel ist nach Hildegard von Bingen ein frohmachendes Gemüse und Gewürz. Er kann, wie sie ausdrücklich vermerkt, auch roh gegessen werden, «ohne zu schaden».

Das gilt von der ganzen Pflanze. Die Samenkörner, der «Fencheltee» leisten das gleiche und noch mehr:

> «Täglich auf leeren Magen gegessen, ... nehmen sie den Mundgeruch und machen, daß die Augen klar sehen. Man kann ihn mit großem Nutzen allen pflanzlichen Medikamenten zusetzen zur Mehrung ihrer Heilwirkung.»

Ausserdem sind nach Hildegard von Bingen beim Gemüse gut:
Alle Bohnen, Kichererbse, Sellerie (gekocht), Kürbis (Zucchini etc.), Rüben (gelbe R. = Möhren, weisse R., Rote Bete – gekocht) und Gartensalat (angemacht mit Essig und Öl).

Bei den Früchten erwähnt Hildegard von Bingen:
Apfel, Quitte, Himbeere, Brombeere, süße Mandel und Zitrusfrüchte (Zitrone, Orange).

Nach Hildegard von Bingen ist bei Fisch, Fleisch und Geflügel gut für den Menschen:
Hecht, Wels (Waller), Barsch (Egli, Kretzer), Hähnchen, Reh und Hirsch, Schaf und Ziege. (Puter erwähnt Hildegard von Bingen nicht, sein Fleisch ist aber leicht verdaulich und enthält wenig Cholesterin!)

Bei den Kräutern und Gewürzen zeichnen sich nach Hildegard von Bingen besonders Bertram und Galgant aus.

Über Bertram schreibt die Ordensfrau:

«Einem gesunden Menschen ist Bertram gut zu essen, weil er den Schadstoff im Blut mindert und das gute Blut vermehrt und einen klaren Kopf macht. Aber auch einen Kraftlosen bringt er wieder zu Kräften, wenn sein Körper schon ganz versagt, und er entläßt im Menschen nichts unverdaut, sondern macht gute Verdauung. Wie immer er gegessen wird, roh (trocken) oder in einer Zubereitung (Speise) – er ist nützlich und gut ...»

Der naturscharfe Geschmack von Bertramwurzel, so schreibt Hildegard von Bingen an anderer Stelle, «lockt beim Essen Wasser und Speichel im Munde hervor und läßt Gesundheit zurück». Bertram ist verdauungsfördernd. Gut verdauen bedeutet auch, daß der Darm die Nahrung richtig auswertet.

Über Galgant schreibt Hildegard von Bingen:

«Galgant ist durchaus warm und hat überhaupt nichts Kaltes in sich und ist voll Kraft.»

Die pulverisierte Galgantwurzel hat einen feurig-scharfen Geschmack und eignet sich daher zum «Pfeffern» von Gulasch und anderen Fleischspeisen. Galgant wächst in Südchina, in Indonesien, Indien und Thailand und wird dort als Scharfstoff in Curry-Mischungen hochgeschätzt.

Nach Hildegard von Bingen hat Galgant Heilkräfte. In ihren Schriften steht:

«Wer Herzweh hat und im Herzen schwach ist, der esse bald genügend Galgant, und es wird ihm besser gehen.»

Weitere Gewürze und Kräuter, die Hildegard von Bingen erwähnt, sind:
Ackerminze, Bachminze, Basilikum, Beifuß, Bohnenkraut, Brennessel, Brunnenkresse (großblättrig), Knoblauch (nur jung und roh), Meerrettich, Muskatnuß, Nelken, Petersilie (roh), Poleyminze, Quendel, Salbei, Schnittlauch, Ysop und Zimt.

Diät für die zweite Lebenshälfte

Nach Hildegard von Bingen ist eine abwechslungsreiche Dinkel-Küche der beste Schutz vor frühzeitigem Altern:

Viele komplexe Kohlehydrate und Pflanzenfasern wie

Dinkel-Körner, -Reis, -Nudeln, -Brot, -Kleie, Obst und Gemüse
sollten mindestens 55 % der täglichen Gesamtkalorienmenge ausmachen!

Tierisches Eiweiß wie
Hühnchen ohne Haut, Pute, Hirsch und Reh, Lamm- und Ziegenfleisch, Frischfisch: Barsch, Hecht, Kretzer

in Maßen, nicht mehr als 1 g pro Kilogramm Körpergewicht!

Weniger Fett und nur magere Milchprodukte, wie
Butter, kaltgepreßtes Sonnenblumenöl, Buttermilch, Sauermilchprodukte, Quark, Hüttenkäse
höchstens 30 %, besser weniger der Gesamt-Kalorien.

Weniger Salz, nicht mehr als 1–3 g pro Tag.
Würzen mit frischen hildegardischen Kräutern, vor allem mit Mutterkümmel, Bertram, Quendel und Galgant.

Wein und Bier in Maßen,
lieber Fenchel- und Salbeitee, auch Dinkel-Bier und Dinkelkaffee.

Zu meiden sind nach Hildegard:

bei Fleischwaren:
fettes Fleisch, Wurst, Speck, Schinken, Schweinefleisch, geräuchertes und gepökeltes Fleisch und Fleischkonserven.

bei Fischwaren:
geräucherte Fische, Ölsardinen, Aal, Bücklinge, Fischkonserven.

Süßwaren:
Raffinadezucker, Schokolade, Zuckeraustauschstoffe (Cyclamat, Sorbit).

Fette und Öle:
vollraffinierte Fette und Öle, Margarine, Backfette.

Weizenmehlprodukte, Sojaprodukte.

Genußmittel:
Bohnenkaffee, Schnäpse und Liköre, Nikotin.

Getränke:
Zuckerhaltige Limonaden, Cola, Mineralwasser.

Hildegardische Küchengifte wie Erdbeeren, Pfirsiche, Pflaumen und Lauch, Nachtschatten-Gewächse wie Kartoffeln, Paprika und Tomaten.

Übertriebenes Würzen, Pfeffer, Tomatenketchup, Curry.

Aus der Hildegard-Praxis:

Dinkel-Muffins

Zur Senkung von Cholesterin und Blutzuckerspiegel

Rezept für 12 Stück:

150 g	Dinkelkleie (Dinkelschrot/ Dinkelmehl)
50 g	brauner Rohrzucker (Diabetiker nehmen Substitut, z. B. Fructose)
15 g (= 1 Eßl.)	(Weinstein-)Backpulver
1/2 Teel.	Salz
300 mg	Milch, fettarm 1,5 %
3	Eier oder Eiweiß
1 Eßl.	Sonnenblumenöl, kaltgepreßt
nach Geschmack:	Rosinen, Sultaninen, gehackte Mandeln

Arbeitszeit: 10 Minuten
Ofen auf 225 Grad vorheizen.
Trockene Backzutaten mischen.
Milch, Ei und Öl hineinrühren.
Den Teig in Papier-Förmchen (z. B. von
Dr. Oetker) oder Muffin-Bleche füllen.
Bei 225 Grad 20 Minuten backen.

Wichtige Hinweise!
– Bei hohem Blutzuckerspiegel:
  Rohrzucker weglassen
– Bei hohem Cholesterinspiegel:
  kein Eigelb nehmen.

1–2 Kleie-Brötchen zum Frühstück mit viel
Flüssigkeit (Fencheltee, Dinkelkaffee).

Noch ein Wort der Hildegard von Bingen zur Maßlosigkeit:

«Sie sitzt wie ein Wolf mit gekreuzten Beinen da, um alles zu packen, an sich zu reißen und herunterzuschlingen.»

So malt Hildegard von Bingen mit Worten das Bild von der Maßlosigkeit. Sie schreibt weiter:

«Die Maßlosigkeit (Immoderatio) spricht: 'Was immer ich nur wünsche und aussuche, das will ich auch genießen und auf nichts verzichten. Jeder Reiz meines Körpers ist mir eine wahre Lust. Wie ich bin, so lebe ich mich aus, und wie es mir paßt, so handle ich auch.'»

Mehr als alle anderen Organe leidet die Leber an der Maßlosigkeit. Jeder Mensch, der sein eigenes Maß, seine Leistungsfähigkeit, seine Kräfte überschätzt durch zuviel Essen, zuviel Alkohol, zuviel Drogen, fällt aus der Mitte. Als Folgen davon nennt Hildegard von Bingen die zu nichts führende Gedankenschweiferei, die Müdigkeit und Schwäche, Herzschwindel, sinnlose Traurigkeit und innere Widerstandslosigkeit.

3. Bringen Sie Bewegung und Ruhe in ein gesundes Gleichgewicht.

Ein Spaziergang ist ein gutes Herz-Kreislauf-Training in jedem Alter. Gehen Sie jeden Tag mindestens eine halbe Stunde in der frischen Luft. Das verbessert Ihre Gesundheit. Sie
- bauen Streß ab,
- stimulieren die Psyche,
- verbessern Herz- und Lungenleistung,
- regen den Stoffwechsel an,
- erhöhen die Leistungsfähigkeit.

Gehen, Laufen, Springen und Tanzen sind ideale Vergnügungen, um alle unsere Sinne vollkommen zu entfalten und Körper und Seele wieder ins Gleichgewicht zu bringen.
Hildegard von Bingen berichtet, daß sich der fünfte Sinn – der Hautsinn – auch auf den Fußsohlen befindet. Die moderne Reflexologie bestätigt, daß wir über den Druck auf den Reflexzonen der Fußsohle Einfluß nehmen können auf innere Organe, Verspannungen, sogar auf Hautprobleme.

4. Schöpfen Sie Lebensenergie aus den vier Weltelementen – Feuer, Luft, Wasser, Erde – durch positive Naturerlebnisse und natürliche Heilmittel.

Die Ordensfrau und Seherin Hildegard von Bingen erblickte in ihren Visionen den Men-

34

Bringen Sie Bewegung und Ruhe in ein gesundes Gleichgewicht.

Edelsteine übertragen ihre Ausstrahlungskraft (Subtilität) auf den Menschen: der violette Amethyst beruhigt die Nerven, die indische Blutjaspis-Scheibe das Herz, und der blaue Chalzedon neutralisiert die Schwarzgalle und schützt vor zuviel Streß.

schen in der Mitte des Kosmos in enger Wechselwirkung mit diesen vier Grundbausteinen, die seine vitalen Funktionen aufrechterhalten:

> «Vom Feuer hat (d)er (Mensch) die (Körper-)Wärme, von der Luft den Atem, vom Wasser das Blut und von der Erde den Körper (Muskeln und Knochensubstanz). Dem Feuer verdankt er das Sehen, der Luft das Gehör, dem Wasser die Bewegung und der Erde seinen Gang.»

Die vier Elemente entscheiden über den Säftehaushalt des Menschen, Gesundheit und Krankheit. Kein Mensch existiert ohne dieses kosmische Prinzip, alles wirkt zusammen in dieser Ordnung, im Gleichgewicht und in Harmonie.

Die vier Weltelemente – so schreibt es Hildegard von Bingen – können sowohl als Naturerlebnis als auch als natürliches Heilmittel für den Menschen wirksam werden.

Wer beispielsweise an einem Frühlingsmorgen in einem ruhigen See ganz allein der Sonne entgegenschwimmt, sich dem frischen Wasser anvertraut, findet Frieden. Tiefe Stille entsteht im Menschen. Seine Nerven sind

**Schöpfen Sie Lebensenergie aus den vier Welt-
elementen – Feuer, Luft, Wasser, Erde – durch
positive Naturerlebnisse.**

*Ganz einfach geht es morgens beim Duschen. Las-
sen Sie sich von der Kraft des Wassers auch innen
«durchströmen». So lange, bis Sie sich außen und
innen im Gleichgewicht befinden.*

beruhigt und sein Herz schlägt ruhig und stark. Mit einem Mal befinden sich Innen- und Außenwelt im Gleichgewicht.

5. Fördern Sie die Ausleitung von Verunreinigungen und Schadstoffen aus dem Bindegewebe.

Die größte gesundheitszerstörende Kraft sieht Hildegard von Bingen in der Selbstvergiftung durch übermäßiges Essen, falsche Kost, Schadstoffe und hildegardische Küchengifte (Erdbeeren, Pfirsiche, Pflaumen und Lauch).

Auch der Mangel an guten Eigenschaften vergiftet den Körper. Kummer, Sorgen, Hetze und Streß können zu Unterdrückungsreaktionen und Zornesausbrüchen führen.

Wer nach den Regeln der Hildegard von Bingen lebt, läßt diese Körpergifte gar nicht erst entstehen. Oder er leitet sie aus unter kompetenter Aufsicht.

Hier einige hildegardische Ausleitungen:

Die Fastenkur ist nach Hildegard von Bingen eines der tiefgreifendsten Mittel zur Beseitigung von Stoffwechselstörungen und ein Uni-

Fördern Sie die Ausleitung von Verunreinigungen und Schadstoffen aus dem Bindegewebe.

Eine der tiefgreifendsten Methoden zur Beseitigung von Stoffwechselstörungen ist die Frühlings-Wermut-Kur. Kräuter geben dem Menschen neue Lebensenergie. Würzen Sie Ihr Essen anstelle von Salz mit viel Kräutern.

Nach Hildegard von Bingen macht z. B. Fenchel froh und klärt außerdem die Augen des Menschen. Quendel heilt und reinigt bei Hautempfindlichkeiten, verbessert die Hautdurchblutung. Salbei räumt mit schädlichen Körpersäften auf.

versalmittel bei seelischen Belastungen und Problemen.

Eine Frühlings-Wermut-Kur leitet über die Niere aus. Sie können die Kur als Fertigprodukt in Ihrer Apotheke bestellen oder selbst herstellen. Hier das Rezept:
ca. 40 ml Wermut-Frühlingssaft in das siedend-heiße Gemisch von 1 Liter Wein und 150 g Honig geben.

> «Wer jung und gesund bleiben will, nehme den Wermut, wenn er frisch grünt, zerstampfe ihn und presse durch ein Tuch den Saft aus. Dann koche Wein mit Honig – aber nicht zu stark (modice) – und gieße von diesem Saft so viel in den Wein, daß der Saftgeschmack den Wein- und Honiggeschmack übertrifft. Das trinke vom Mai bis zum Oktober jeden 3. Tag nüchtern (vor dem Frühstück). Es beseitigt in dir die Nierenschwäche (Lanksucht) und die Melanche (Schwarzgalle) und klärt die Augen und stärkt dein Herz und läßt nicht zu, daß deine Lunge krank wird. Es wärmt den Magen (Darm) und reinigt die Eingeweide und bereitet eine gute Verdauung.»

Durch Saunabäder reinigen Sie den Körper über die Haut. Ausschlaggebend für die Wirksamkeit der Sauna ist nach Hildegard von Bingen der geeignete Aufguß: Wen zum Beispiel «der Hafer sticht», sollte Haferextrakt auf den heißen Saunasteinen verdampfen.

Wem öfter etwas «über die Leber läuft», macht sich einen Edelkastanien-Aufguß aus gekochten Blättern, Schalen und Früchten.

6. Stabilisieren Sie seelische Abwehrkräfte durch Erkennen der eigenen Schattenseiten (Laster = Risikofaktoren) und versuchen Sie, diese durch heilende Schutzfaktoren (Tugenden) auszugleichen.

Hildegard von Bingen kennt 35 krankmachende Konfliktmöglichkeiten (Laster, Belastungen, seelische Risikofaktoren) und 35 seelische Gegenkräfte, die von sogenannten Tugenden ausgehen. Diese 35 Kräftepaare der Seele sind auch im Körper wirksam und regulieren die Sinnesorgane, die Verdauung, den Herzschlag, den Kreislauf und den Stoffwechsel.

Das rechte Maß, Freude und Zufriedenheit sind frohmachende, heilende Kräfte für unsere Seele.

Da die Haut auch als Spiegel der Seele angesehen werden kann, ergibt sich bei Überreak-

tionen der Haut von selbst die Notwendigkeit,
für seelische Ausgeglichenheit, Ausdauer und
Geduld zu sorgen.

Die Heilkraft der christlichen Tugenden

In ihrem psychotherapeutischen Buch «Der
Mensch in der Verantwortung» beschreibt Hildegard 35 seelisch auslösende Krankheitsursachen (Laster, Konflikte, Schattenseiten) und
35 positive, heilende Schutzmächte, die christlichen Tugenden. Krankheit wird von Hildegard als Mangel an guten Eigenschaften im
Menschen erkannt, wobei für 27 Laster das
Fasten als Universalheilmittel empfohlen wird.

Hildegard warnt aber auch vor dem Fasten,
und zwar bei folgenden Lastern:
1. Weltliebe
13. Unglückseligkeit
14. Maßlosigkeit, Anarchie
16. Hochmut
26. Unbeständigkeit
35. Weltschmerz

*Das folgende Gebet kann eine große Hilfe
sein, aus der Kraft Gottes den Weltschmerz zu
überwinden:*

Stabilisieren Sie seelische Abwehrkräfte durch Erkennen der eigenen Schattenseiten und versuchen Sie, diese zu akzeptieren.

Das rechte Maß, Freude und Zufriedenheit sind frohmachende, heilende Kräfte für unsere Seele. Da die Haut auch als Spiegel der Seele angesehen werden kann, ergibt sich bei Überreaktionen der Haut von selbst die Notwendigkeit, für seelische Ausgeglichenheit, Ausdauer und Geduld zu sorgen.

43

Herr, du weißt besser als ich, daß ich von Tag zu Tag älter und eines Tages alt sein werde. Bewahre mich vor der Einbildung, bei jeder Gelegenheit und zu jedem Thema etwas sagen zu müssen.

Erlöse mich von der großen Leidenschaft, die Angelegenheiten anderer ordnen zu wollen.

Lehre mich, nachdenklich (aber nicht grüblerisch), hilfreich (aber nicht diktatorisch) zu sein.

Bei meiner ungeheuren Ansammlung an Weisheit erscheint es mir ja schade, sie nicht weiterzugeben – aber du verstehst, Herr, daß ich mir ein paar Freunde erhalten möchte.

Lehre mich schweigen über meine Krankheiten und Beschwerden. Sie nehmen zu, und die Lust, sie zu beschreiben, wächst von Jahr zu Jahr. Ich wage nicht, die Gabe zu erflehen, mir Krankheitsschilderungen anderer mit Freude anzuhören, aber lehre mich, sie geduldig zu ertragen. Ich wage auch nicht, um ein besseres Gedächtnis zu bitten – nur um etwas mehr Bescheidenheit und etwas weniger Bestimmtheit, wenn mein Gedächtnis nicht mit dem der anderen übereinstimmt.

Lehre mich die wunderbare Weisheit, daß ich mich irren kann. Erhalte mich so liebenswert wie möglich. Ich möchte nicht unbedingt ein Heiliger sein, aber ein alter Griesgram ist das Krönungswerk des Teufels.

Lehre mich, an anderen Menschen unerwartete Talente zu entdecken, und verleihe mir, Herr, die schöne Gabe, sie auch zu erwähnen.

Das Fasten entfaltet im Menschen gewaltige Erneuerungskräfte. Hildegard nennt diese Regenerationskraft compunctio cordis, Herzzerknirschung, Reue, die das verhärtete sklerotische Herz erweichen kann. Die Reue ist das stärkste Heilmittel, das den Menschen in seiner Natur veredeln kann:

«Alles, was aus Gott geboren ist, besiegt die Welt!...» (auch die Krankheiten)... «So wird der Mensch ein anderer in seiner Natur, weil das, was himmlisch ist, das, was irdisch ist, besiegt und überwindet.»

Aber es geht nicht ohne Kampf, «denn du mußt das, was himmlisch ist, lieben und das Irdische niedertreten».

«Wenn du mich in diesem Kampf gegen das Böse mit verwundetem Herzen (compunctio cordis) unter Tränen, Seufzen und Beten anrufst, daß ich dir zu Hilfe kommen soll, dann werde ich dir auch helfen und alles tun, was du begehrst, und bei dir wohnen.»

«Du aber, Hartherzigkeit, weil du nichts
von Gott verlangst, bekommst du auch
nichts von Gott geschenkt.»

Die Reue ist bei der heiligen Hildegard die
Medizin schlechthin – ohne die kein Medika-
ment grundlegend heilen kann (Sr. Cäcilia
Bonn OSB).

Literatur

Causae et Curae (lat.). Neudruck durch die Basler Hildegard-Gesellschaft.

Heilmittel. Deutsche Ausgabe der *Physica*. Basler Hildegard-Gesellschaft.

Physica (lat.). Patrologia Latina, Bd. CXCVII. Basler Hildegard-Gesellschaft.

So heilt Gott. Dr. Gottfried Hertzka. Christiana Verlag,
Stein am Rhein.

Ursachen und Behandlung der Krankheiten. Neudruck
durch die Basler Hildegard-Gesellschaft.

Wunder der Hildegard-Medizin. Dr. Gottfried Hertzka.
Christiana Verlag, Stein am Rhein.

Was ist Hildegard-Medizin? Helmut Posch, Weinbergweg, A-4880 St. Georgen im Attergau; Telefon
07667/361.

Die Edelsteinmedizin der heiligen Hildegard. Dr. Gottfried Hertzka / Dr. Wighard Strehlow. Verlag Hermann Bauer, 4. Auflage, Freiburg 1985.

Die Küchengeheimnisse der heiligen Hildegard. Dr.
Gottfried Hertzka / Dr. Wighard Strehlow. Verlag
Hermann Bauer, 4. Auflage, Freiburg 1988.

Handbuch der Hildegard-Medizin. Dr. Gottfried Hertzka/ Dr. Wighard Strehlow. Verlag Hermann Bauer, 3. Auflage, Freiburg 1988.

Große Hildegard-Apotheke. Dr. Gottfried Hertzka / Dr. Wighard Strehlow. Verlag Hermann Bauer, Freiburg 1989.

Die Ernährungstherapie der heiligen Hildegard. Dr. Wighard Strehlow. Verlag Hermann Bauer, Freiburg 1990.

Heilen mit der Kraft der Seele. Die Psychotherapie der heiligen Hildegard. Dr. Wighard Strehlow, Verlag Hermann Bauer, Freiburg 1993.

Hildegard-Heilkunde von A–Z. Dr. Wighard Strehlow, Verlag Hermann Bauer, Freiburg 1993.

Bezugsquellen und Vereine

Deutschland

Fa. Jura KG, Nestgasse 2–6,
D-78464 Konstanz; Tel. 07531/31487.

Schweiz

Hildegard-Vertriebs AG, Aeschenvorstadt 24,
CH-4010 Basel; Tel. 061/23 24 79.

Österreich

Helmut Prosch, Weinbergweg, A-4880 St. Georgen
im Attergau; Tel. 07667/361.

Vereine, Zeitschriften

Förderkreis Hildegard von Bingen, Nestgasse 2,
D-78464 Konstanz; Tel. 07531/31487.
Hildegard-Heilkunde-Hefte (dto.).
Bund der Freunde Hildegards, Weinbergweg,
A-4880 St. Georgen/Attergau.
Internationale Gesellschaft Hildegard von Bingen,
CH-6390 Engelberg.
Region Ostschweiz: Jean Egli, Einfangstraße 16,
CH-8580 Amriswil; Tel. 071/67 30 35;
Mitteilungsblatt bei Region Ostschweiz anfordern.
Hildegard-Kurier: Bund der Freunde Hildegards,
Weinbergweg, A-4880 St. Georgen im Attergau.
International Society of Hildegard von Bingen Studies.